dick bruna

nijnt
huilt

mercis publishing - amsterdam

nijntje was gaan slapen

met beertje in haar arm

want dat vond nijn gezellig

en ook zo lekker warm

maar toen de nacht voorbij was

moest nijn zo huilen, zeg

want weet je wat gebeurd was

haar beertje... dat was weg

waar was haar beer gebleven

waar kon haar beertje zijn

zij zocht in alle hoeken

kijk maar, hier zie je nijn

zij vroeg het aan haar vader

want moeder was niet thuis

weet jij ook waar mijn beer is

ik niet, zei vader pluis

zij vroeg het haar vriendinnen

die speelden op het gras

maar geen van haar vriendinnen

die wist waar beertje was

zij vroeg het aan haar oma

en aan haar opa pluis

die hadden ook al niets gezien

en waren toch veel thuis

zij vroeg het aan haar tante

die woonde op de berg

maar die had ook al niets gezien

en vond het toch zó erg

toen ging nijn maar naar huis toe

zij wist het echt niet meer

o, o, wat moest zij huilen

zij hield zoveel van beer

maar toen de dag voorbij was

– kijk maar, hier zie je dat –

en nijntje weer in bed lag

toen voelde nijntje wat

zij kroop onder de dekens

en weet je wat zij vond

iets zachts, iets met twee armen

het voelde nogal rond

zij nam het mee naar boven

kijk-kijk, daar kwam het aan

't was geel, het had een hoofd en

er zaten oren aan

het is mijn beer, riep nijntje

hoi-hoi, het is mijn beer

ik heb mijn beer gevonden

toen... huilde nijn niet meer

DICK BRUNA KINDERBOEKEN

NIJNTJE
16 Nijntje
17 Nijntje in de dierentuin
18 Nijntje in de sneeuw
19 Nijntje aan zee
33 Nijntje vliegt
34 Het feest van Nijntje
41 Nijntje in de speeltuin
42 Nijntje in het ziekenhuis
49 Nijntjes droom
59 Nijntje op de fiets
62 Nijntje op school
69 Nijntje gaat logeren
70 Opa en Oma Pluis
78 Nijntje huilt
79 Het huis van Nijntje
80 Het feest van tante Trijn
86 Nijntje in de tent
90 Lieve Oma Pluis
92 Nijntje in het museum
96 Nijntje en Nina
100 Het spook Nijntje
101 Nijntje de toverfee
102 Nijntje danst
106 De brief van Nijntje
107 Kleine Pluis
109 De tuin van Nijntje
112 Nijntje in luilekkerland
114 Een fluit voor Nijntje

BETJE BIG
46 Betje Big
47 De tuin van Betje Big
50 Betje Big gaat naar de markt
67 De verjaardag van Betje Big
83 Betje Big is ziek
93 Betje Big gaat met vakantie
94 De winkel van Betje Big
108 Een lied voor Betje Big

BORIS EN BARBARA
73 Boris Beer
74 Boris en Barbara
75 Boris op de berg
81 Boris in de sneeuw
82 Boris, Barbara en Basje
89 De boot van Boris
98 Boris en de paraplu
103 Boris de piloot
104 De verkleedkist van Barbara
105 Boris de kampioen
111 Boris en Ko
113 Boris doet de boodschappen

SNUFFIE
31 Snuffie
32 Snuffie en de brand
68 De puppies van Snuffie
110 Snuffie is zoek

DIVERSEN
8 De appel
9 Het vogeltje
10 Poesje Nel
11 Fien en Pien
12 Het ei
13 De koning
14 Circus
15 De vis
20 De school
21 De matroos
22 Ik kan lezen
23 Ik kan nog meer lezen
24 Assepoester
25 Klein Duimpje
26 Roodkapje
27 Sneeuwwitje
28 B is een beer
29 Boek zonder woorden
30 Telboek
35 Telboek 2
36 Mijn hemd is wit
37 Dierenboek
38 Boek zonder woorden 2
39 Ik ben een clown
40 Bloemenboek
43 Ik kan nog véél meer lezen
44 Ik kan moeilijke woorden lezen
51 Heb jij een hobbie?
52 Ik kan sommen maken
53 Ik kan nog meer sommen maken
56 Kerstmis
57 Rond, vierkant, driehoekig
58 Jan
60 De redding
61 Wij hebben een orkest
63 Sportboek
64 Wie zijn hoed is dat?
65 Wie zijn rug is dat?
66 Lente zomer herfst en winter
71 Stoeprand...stop!
72 Iris een boek zonder woorden
76 De schrijfster
77 Lotje
84 Eegje Egel
85 Boe zegt de koe
87 Wat wij later worden
88 Het haar van de pop is rood
91 Weet jij waarom ik huil?
95 Ruben en de ark van Noach
97 Pim en Wim
99 Meneer Knie
115 Vogel Piet

NIEUW VAN DICK BRUNA
116 Hangoor
117 Koningin Nijntje

78 Nijntje huilt, 2007, 16th ed.
ISBN 978 90 73991 26 2
NUR 270, SBO 7

Exclusively arranged, produced and distributed by
Mercis Publishing bv, Amsterdam
Printed by sachsendruck GmbH, Plauen, Germany